LA LANTERNE

MAGIQUE.

LA
LANTERNE MAGIQUE,

ou

LA MATINÉE
D'UNE JOLIE FEMME.

CHANT PREMIER.

Tel que Piron, je dirai : Point d'exorde.
Je suis pressé. Le temps peu m'en accorde.
La beauté dort..... Prochain est son réveil ;
Il me faut être à la fin du sommeil
Pour répéter (la tâche m'est donnée)
Ce qu'elle fait dans une matinée.

Le timbre actif, interprète du jour,
Déja dix fois a frappé son tambour.

1.

« Bruit discourtois! » dit la belle Eudoxie.

« Je savourais cette douce inertie,

« Besoin urgent des pieds endoloris

« Par la fatigue, et les bals de Paris;

« J'étais si bien sous l'ouate légère,

« D'où je bravais le froid le plus sévère :

« Faut-il si tôt abandonner ce lit,

« Où ma santé si bien se rétablit!

« Mais je le dois, car cette matinée

« A travailler fut par moi destinée.

« Je dois, ce soir, en concert d'amateurs

« Me faire entendre; et des bravos flatteurs

« Feront chorus. J'en suis sûre d'avance,

« Chacun sera charmé de ma romance;

« Elle est nouvelle, et l'auteur, fort discret,

« M'a dit tout bas que j'en étais l'objet.

« Par ce guerdon que son désir appelle,

« Il me faut donc récompenser son zèle.

« Faut me lever. » Sitôt avec ardeur

Sa main saisit le cordon moniteur,

Deux fois le tire, et l'agile sonnette

Se fait connaître à la lente soubrette,

Qui, l'entendant, grommelle entre ses dents

Que ces appels lui semblent excédants,

Qu'à contre-temps toujours on sait la prendre.

Delphine enfin se décide à descendre ;

Apte au service, elle en fait les apprêts,

Lève madame, et puis l'habille après.

Un cosmétique, usité dans l'Asie,

Couvre les bras et les mains d'Eudoxie :

Elle s'en sert pour en garder l'odeur,

Car rien n'y peut ajouter de blancheur.

Les pieds aussi dans un seau de la Chine

Ont eu leur tour ; une batiste fine

Les enveloppe et sèche en même temps.

Il est encor maints détails importants

Que doit omettre une muse discrète.

L'heure s'écoule, et longue est la toilette.

Bientôt midi. Le déjeuner se sert :

On jase, on rit ; enfin on s'enquiert

Des quolibets, des cancans de la ville;

Et les *On dit* se répètent par mille.

La poste arrive, elle apporte un journal;

Sorti de table, on le lit bien ou mal.

S'il ne dit rien, sa lecture incommode;

Le feuilleton, l'article de la mode

Seuls ont le droit d'être tout entiers lus,

Comme celui du choléra-morbus:

Les vents du nord peuvent, sans qu'on s'en doute,

Porter le mal que partout on redoute;

Or, il est bon, s'il fait invasion,

De se garer de la contagion.

Pour indiquer alors ce qu'il faut faire,

Du médecin l'avis est nécessaire.

En cet instant il arrive à propos:

C'est un docteur vermeil et bien dispos.

L'hilarité peinte sur sa figure,

Pour qui le voit est d'un parfait augure;

Point libéral à livrer passe-ports

Qui mènent droit à l'empire des morts.

Son hygiène est du plaisir le code;

C'est, en un mot, le docteur à la mode;

Il est aimable et de fort bon conseil;

Son élixir est surtout sans pareil,

Suave à boire, il parfume l'haleine,

Donne appétit et guérit la migraine,

Calme les nerfs, déterge les humeurs,

Dissipe enfin toutes pâles couleurs.

Mais s'agit-il d'une fièvre indocile,

Qui dans le corps élit son domicile,

En présentant un danger assuré,

Le cher docteur la hait à tel degré,

Qu'il ne veut point batailler avec elle,

Disant alors, pour telle clientèle

Qu'il n'est point fait, que son art doit guérir,

Mais non point ceux destinés à mourir.

Tout le beau sexe et l'aime et l'apprécie.

Tous les matins il vient chez Eudoxie,

Tâte son pouls, interroge ses yeux,

Et lui promet toujours qu'elle ira mieux.

A son aspect, un aimable sourire

Au médecin montre qu'on le désire.

Lors il s'approche, enchanté de l'accueil;

Près de la dame il place son fauteuil.

D'observer tout il s'est fait une étude :

Bientôt il voit régner l'inquiétude

Qu'avait causée un imprudent journal

En présageant le choléra fatal.

« Quoi de nouveau? dit-il; qui vous tourmente?

Quelque malheur est-il qui se présente,

Pour altérer les mines, les esprits?

Je vois des pleurs où j'espérais des ris. »

On lui fait lire alors la triste annonce.

« Que vous importe? » est toute sa réponse.

« Quoi! lui dit-on, vous pouvez, sans frémir,

Envisager ce terrible avenir

Qui nous fera, sans tambour ni trompette,

Partir du monde, hélas, sans interprète!

Car il faut bien, pour mourir décemment,

Se confesser, et faire son testament :

Par ainsi donc, et le ciel et la terre
Sont satisfaits ; enfin, on vous enterre.
— Tous vos propos, interrompt le docteur,
Sont noirs comme encre, et sentent la terreur.
Soyez sans crainte ; à la moindre colique,
Avalez vite un peu du spécifique,
Et vous verrez, comme en un tour de main,
Ce choléra se dissiper soudain. »
Puis longuement en décrit les symptômes,
Combien il a dévasté de royaumes,
Son origine, et ses affreux progrès,
Petit discours arrangé tout exprès.
Pour écouter le moderne Esculape,
Chacun se tait, afin que rien n'échappe.
On s'émerveille, on demande comment
Ce beau diseur parle si savamment.
Or, ayant fait l'effet qu'il doit attendre,
Se retirer est un dessein à prendre.
Lors il se lève. En voulant son projet,
La dame veut lui parler en secret.

Le vrai motif est tel qu'on le devine,

De consulter sa science divine

Sur certains maux qu'elle prétend avoir,

Ou qu'elle aura. Lors, on entre au boudoir:

Charmant asile! il offre peu d'espaces,

Assez enfin pour reposer les Graces

Lorsque Eudoxie y vient s'y retirer.

Un demi-jour suffit à l'éclairer;

La simple glace y double son image,

Et de ses doigts le tapis est l'ouvrage;

Large divan, élégant et moelleux,

Pour mieux causer, offre place à tous deux.

Là, le docteur écoute sa malade

De maux légers faire jérémiade.

Avec adresse il semble partager

Ce qu'elle sent, et qu'il doit soulager.

Ce doux espoir console et réconforte

La belle alors, qui déja mieux se porte.

Le pédantisme effarouche les ris,

Bien il le sait; mais en joyeux devis,

En calembours, en rébus il est riche,

Et fort habile à rimer l'acrostiche ;

Même, parfois, le docteur très-badin

En vers galants prescrit un anodin.

De son talent ayant tari les sources,

Le docteur pense à faire d'autres courses.

Il prend congé, car tout Paris l'attend ;

S'il n'est ainsi, du moins il le prétend.

A son départ, il laisse une ordonnance

Dont nul ne peut contester l'innocence.

« Dansez, dit-il, et divertissez-vous :

Ce passe-temps est salutaire et doux.

Adieu, bel ange !» et, dans son cœur, la belle

A fait le vœu d'obéir avec zèle.

Il est parti. Delphine, en cet instant,

De nouveautés fait monter un marchand.

Il vient, chargé d'une lourde valise,

De porte en porte offrant sa marchandise ;

A moitié prix il en fera l'accord :

Mais à Madame il désire d'abord

2

La faire voir comme étant la première

A qui, dit-il, il veut avoir affaire.

Car ce ballot, de Londres arrivé,

Sitôt connu, serait vite enlevé.

On le refuse; il ne veut rien entendre,

Tout il étale; on ne peut se défendre

De regarder. Ainsi naît le désir.

Puis un achat, que le goût sait choisir,

A cent pour cent est le gain de la vente :

Modestement le marchand s'en contente,

Part, ajoutant : « Vous n'aurez nuls regrets,

Et m'en ferez des compliments après. »

Riant sous cape, il dit : « La bonne aubaine !

Que n'ai-je pu vendre ainsi la douzaine ! »

Sur le sopha Delphine artistement

Pose la robe, élégant vêtement.

Pour applaudir à cette fantaisie,

En juge expert l'examine Eudoxie.

En l'ondulant par des plis différents,

Elle convient qu'il lui faut des rubans.

Ah! c'est alors, contre son ouvrière,
Que se déploie une juste colère.
Elle devait, et sans aucun retard,
Lui rapporter une autre de brocart.
Bien décidé; de cette négligence,
Le changement sera la récompense.
Mais à la porte on entend certain bruit,
Delphine y court; l'ouvrière la suit.

Au doux aspect d'une robe nouvelle,
L'ire s'apaise : alors plus de querelle.
Bien se conçoit le vif empressement
Pour essayer ce frais ajustement.
Or, dans la chambre elles passent ensemble.
Les y laisser paraît bon, ce me semble.
Qu'irai-je faire? Un poète peut-il
Dans une aiguille insérer brin de fil?
Lorsqu'il voudra, ses visions cornues
Lui feront voir les Graces toutes nues;

Les habiller n'est point de son ressort.

Je me repose, et je n'ai pas grand tort;

Il me faut bien un peu reprendre haleine;

Et j'attendrai que la beauté revienne.

CHANT SECOND.

Muse, en besogne, et reprends tes pinceaux :
Voici venir quelques portraits nouveaux.
Je le sais bien, le repos réconforte;
On en acquiert une voix bien plus forte.
Un long poëme est divisé par chants
Pour le lecteur et pour les écoutants.
De ce permis le poète profite
Pour cheviller un conte parasite;
Il croit, sans lui, son ouvrage trop court;
Le plan est fait, il se promène autour :
De branche en branche ainsi l'oiseau sautille,
Et puis revient retrouver sa famille.
Il me faut donc retourner à mes vers,
Tableau mouvant de spectacles divers;

2.

Il en est temps. L'ouvrière partie,

Dans le salon je revois Eudoxie

Au coin du feu, les pincettes en main,

Rêvant beaucoup, et ne pensant à rien ;

A rien ! que dis-je ? Ah ! grande est l'imposture !

La dame pense à sa gente figure.

Sur cet objet s'arrêtent volontiers

Doux souvenirs et gracieux pensers.

On peut fort bien ce que peuvent les autres.

Pour la louer je connais mille apôtres.

S'il ne chatouille ou le cœur, ou les sens,

Brûlerait-on un inutile encens ?

Oui, c'est semer dans une terre ingrate,

Que de louer celle que rien ne flatte :

Mais en est-il ?... L'éloge adulateur

Long-temps conserve une suave odeur.

La solitude en cela le seconde ;

L'esprit retourne à ce qu'a dit le monde ;

L'infatigable imagination

Le fait céder à son impulsion.

Très-fréquemment on voit aux billevesées
Se succéder les plus graves pensées.
Ce fut ainsi qu'un tardif souvenir
D'étudier rappelle le desir,
En ce moment, à la belle étonnée
De voir déja finir la matinée.
Le chiffre trois, qu'indique le cadran,
De ses projets a dérangé le plan.
Il est bien tard pour ce qu'elle doit faire,
Chaque matin, c'est sa plainte ordinaire.
Elle en soupire, et se dit *in petto*:
« Sages projets sont toujours à vau-l'eau.
A ce tracas je ne saurais suffire,
Lettre à répondre et ce roman à lire,
Que le libraire attend depuis huit jours;
Je veux lui rendre, et le garde toujours.
Pour la musique, un rhume de commande
Me servira d'excuse à la demande.
On a pour soi l'appui de la saison,
Bouche jolie obtient d'ailleurs raison. »

« Cet argument est, parbleu, sans réplique,
Dit, en entrant, un fameux politique,
Dans le divan commande le sérail ;
Oui, la quenouille est un bon gouvernail.
L'empire russe aux mains de Catherine
Fut florissant, et sous sa discipline,
On ne vit point les barbares du Nord
Lever contre elle un rebelle discord.
Élisabeth sous son obéissance,
Des fiers Anglais contint l'indépendance.
J'ai consulté Puffendorf et Mably ;
Le droit des gens est bien mieux établi
Dans un traité que je ferai paraître ;
Il est écrit, ma foi, de main de maître.
De mon système, où la vérité luit,
Il n'en sera dans l'Europe qu'un bruit.
Tout est pesé dans sa juste balance ;
Oh ! j'y déploie une mâle éloquence.
J'ai, dans ma poche, un chapitre surtout
Qui pourra bien vous donner l'avant-goût

De ma faconde. » A ces mots, Eudoxie

D'un tremblement est tout-à-coup saisie.

« Non, non, dit-elle avec un peu d'humeur,

Un autre jour, car j'attends mon coiffeur. »

Dans cet espoir sort notre publiciste :

D'exclusion il est mis sur la liste,

On le peut croire, il le mérite bien;

Dur est, sans doute, un semblable entretien.

Pour le travail encore une lacune:

Comme on maudit la visite importune!

A qui s'en prendre? il se peut, par hasard,

Que de l'Argus l'œil devînt en retard.

A s'accuser Delphine se résigne,

Son oubli seul a soufflé la consigne;

L'ordre en défaut, il n'est pas surprenant

Que l'accès fût libre à tout survenant.

On gronde un peu de cette négligence;

L'instant d'après on en perd souvenance,

On en rit même; on fera le récit

De la frayeur que fit cet érudit,

Et l'épisode, enjolivé par elle,
Se lustrera d'une grace nouvelle.
L'artiste Harmand, si long-temps attendu,
Chez Eudoxie à la fin s'est rendu.
Sur la toilette aussitôt il apprête
Tout ce qu'il faut pour sa charmante tête.
Son doigt léger, habile ordonnateur,
Divise, unit, ou réduit en vapeur
La masse épaisse; il construit l'édifice
Digne en effet de coiffer Bérénice.
Son grand renom plane dans tout Paris;
Tous les cheveux, ou noirs, ou blonds, ou gris,
D'un coup de peigne, ennemi du désordre,
Sans regimber, se remettent à l'ordre.
L'air du visage est le mode adopté,
C'est l'innocence, ou bien la volupté.
Si dans son œuvre on demande vitesse,
Il sait gagner du temps avec adresse.
Pour amuser il fera de son mieux;
Il sait par cœur mille contes joyeux,

D'un grand théâtre il coiffe les actrices,

Connaît à fond leurs mœurs et leurs caprices.

Plus un objet est éloigné de nous,

Plus de connaître on se montre jaloux.

Si de la Chine on vous conte une histoire,

L'attention deviendra plus notoire.

Le fait est sûr, le ciel de l'Opéra

Comme étranger aux dames paraîtra.

L'artiste sait que cet article amuse;

De la recette, à juste titre, il use.

Lors, admirant de son peigne vainqueur

L'œuvre divin, il parle en professeur,

Il s'extasie, et quête la louange,

Douce denrée, et dont chacun s'arrange;

Car il en est de toutes les couleurs,

Pour tout état, voire pour les auteurs;

Ils sont friands de cette marchandise,

A leurs palais elle paraît exquise :

C'est le nectar dont s'enivrent les dieux,

On la prodigue aux gens qui sont heureux;

Et, fût-il même un peu de contrebande,

Il a toujours la saveur qu'on demande.

Pour obtenir cet éloge flatteur,

Tout aussitôt l'artiste adulateur

Porte une glace, interprète fidèle

De la coiffure et des traits de la belle.

Elle s'y voit, un sourire charmant

L'assure alors de son assentiment;

Il est payé, reconduit par Delphine.

Très-satisfait, il monte en citadine.

Je l'abandonne; un fort joli minois

Pour m'arrêter n'aurait-il pas ses droits?

Dans l'antichambre attend, depuis une heure,

Jeune tendron qui fort au loin demeure;

Un grand carton, toutefois fort léger,

Que de la veille elle devait porter,

Indique assez quel est son ministère;

Du magasin elle est la messagère:

Car, de modiste en adoptant l'état,

Il faut d'abord faire noviciat.

Il sera court. Les beaux yeux de Suzette

Sont un aimant qui fait que l'on achète.

Jeunes muguets viennent la cajoler,

Batifoler, et d'amour lui parler.

S'aperçoit bien la sage boutiquière

Que cette fille est source financière,

Et se souvient que son beau magasin,

Avant ce faire, était plus que mesquin,

Quand, par hasard, vint une revendeuse,

Femme intrigante, active pourvoyeuse,

Qui, par ses soins et par ce bon conseil,

Changea la nuit en un brillant soleil.

Advenait-il une place vacante,

Sitôt trottait cette vieille ambulante;

Son air d'ailleurs confiance inspirait;

Au Temple, au Cours, partout on la voyait.

Alors, plutôt de n'en pas trouver une,

Elle eût été la chercher dans la Lune.

Tel dans les airs on voit voler l'autour,

Décrire un cercle et faire un long détour

3.

Pour attraper la timide colombe,

Ainsi Suzette en son piége succombe.

Pour mettre à fin ce ténébreux complot,

Point ne fallait avoir l'esprit manchot.

Chez la petite accès est difficile;

Mais le démon en tout lieu se faufile.

Il y parvint. Suzette alors conta

Ce qu'en deux mots je vais insérer là.

Elle a seize ans; ses parents en province

N'ont, par malheur, qu'un revenu fort mince;

Un officier, de ses attraits épris,

En l'enlevant l'emmena dans Paris.

Trois mois l'amour le retint dans l'ivresse,

Trois mois après il quitta sa maîtresse,

Manquant d'argent, elle vivait fort mal;

De ses chagrins c'était le capital.

« Faut vous placer, dit la vieille damnée,

J'ai votre affaire, et dans cette journée;

Je veux finir vos insignes malheurs;

Les ris bientôt succéderont aux pleurs. »

Le fait alors fut la suite du dire.

A ce qu'on veut Suzette veut souscrire.

On dit encor que l'air du magasin,

Le bon exemple ont guéri son chagrin.

Ainsi Delphine, avec délicatesse,

Conte l'histoire, habillant sa maîtresse.

Vesper descend, et le jour prend congé;

De mon labeur me voici dégagé.

Puis Eudoxie, en parure élégante,

Dans le Marais va chez la présidente :

Ah! je crains bien qu'elle n'y soit fort tard.

De ce dîner ma Muse est à l'écart;

Mais, sans danger, elle dira d'avance,

Qu'en la voyant la plainte est en silence.

Elle y conduit et les jeux et les ris,

Son doux aspect ravive les esprits.

Près d'elle j'ai passé la matinée;

Puissé-je encor achever la journée.

FIN DU POÈME.

LA
LANTERNE MAGIQUE,

ou

LA SOIRÉE,

POUR FAIRE SUITE

A LA MATINÉE
D'UNE JOLIE FEMME.

———❦———

CHANT PREMIER.

Déja la nuit, amante de la paix,
Dérobe à l'œil, sous un ténébreux dais,
L'immensité de la voûte éthérée :
Mais aussitôt, éclairant la soirée,
Un gaz propice a remplacé le jour
Et sert alors de fanal à l'Amour.
Oui, l'heure arrive où le plaisir s'éveille,

3.

Ah! ma lanterne y doit trouver merveille.

Me faut sortir. Comus a satisfait

Et parasite, et convive discret.

Dans nos salons vient le dernier service;

C'est le moka qu'on hume avec délice;

L'arôme exquis éveille l'odorat,

Présage heureux pour le goût délicat.

Près de la table, en cercle se présente

De nos beautés la troupe sémillante.

Avec ardeur, à l'objet préféré,

L'amant sitôt offre un nectar sucré.

On le reçoit, une œillade amoureuse

Est du merci réponse non douteuse.

Mais du café redoute-t-on l'effet,

Pour accepter il est autre sujet.

Dans cette tasse à Sèvres façonnnée

Deux jolis doigts, d'une main inclinée,

Mettent le sucre, en topaze changé,

S'il n'est dissous, alors qu'il est plongé.

A ce défaut, un autre lui succède;

L'Amour jouit en ce doux intermède,
Et recevant ce breuvage brûlant,
Il est pour lui tel qu'un philtre puissant.
Pour mes tableaux quelle ample bigarrure
De caractère, ainsi que de figure !
Pour les connaître, il n'est besoin du temps ;
Prêter l'oreille aux propos médisants,
Suffira seul, sans chercher davantage :
Oui, dans le monde, ils sont fort en usage ;
Le temps jadis et celui d'aujourd'hui
Ont toujours vu rire aux dépens d'autrui,
Et tel enfin qui fait le bon apôtre
Est plus souvent ridicule qu'un autre.
Écoutons donc, et je dois me presser,
Car, pour finir, faut d'abord commencer.

Dans un sopha, la grave douairière
A de parler liberté tout entière :
Belle autrefois, l'impitoyable temps

A ravagé ses roses du printemps.

Ah! de son cercle et la reine et l'idole,

Telle elle était. Faut croire à sa parole.

Lorsqu'au reflet d'un fidèle miroir

Elle aperçut ses chers attraits déchoir,

Pour conserver encor son despotisme

Elle afficha l'arrogant pédantisme

Qui tant répugne au mérite réel,

Puis envers tous prit un ton solemnel.

Elle en impose, et se tient au pinacle.

De la jeunesse elle est presque l'oracle,

Et son suffrage est le dispensateur

Du bon renom, ou bien du déshonneur.

Au lieu d'amour, la crainte qu'elle inspire,

Fait qu'on ne vient jamais la contredire.

Hors seulement ce député bavard,

Que rien n'arrête, et nommé par hasard.

Bas courtisan, aujourd'hui démagogue,

Dans le beau monde il veut se mettre en vogue;

Il nous poursuit ici de ses discours

Et sans pitié nous fatigue toujours.

Fuyons-le donc. Rejoignons Eudoxie

Dont l'air annonce un peu de jalousie.

Pour expliquer quel en est le motif,

Je jette en vain un regard furtif.

Un être aimé tarde-t-il à paraître ?

Une autre enfin la surpassant peut-être,

Par ses attraits, par les brillants atours,

D'adorateurs lui ravit le concours?

Difficile est, mais non point impossible.

N'est pas moins vrai que son trouble est visible.

Pour deviner vains seraient mes efforts,

Et je les laisse à nos sphinx les plus forts.

Autant chercher la pierre philosophale;

Cœur féminin est un profond dédale,

Dont les détours ne doivent qu'égarer

L'audacieux qui veut y pénétrer.

Belle Eudoxie, ayez plus d'assurance

En vos succès. Je vous prédis d'avance

D'admirateurs un cortége brillant.

Mais, permettez à l'amour sémillant

De s'arrêter en ce groupe de belles;

Pour voltiger ah! n'a-t-il pas des ailes;

Il reviendra bientôt auprès de vous,

Et le verrez plus soumis et plus doux.

Ce vis-à-vis que regardez sans cesse

Est, je le vois, un essaim de jeunesse

Dont la gaîté vient animer les jeux.

Pour l'amuser ne faut qu'un mot heureux.

Le rire entre eux soudain se communique

Et du plaisir est le signe authentique.

Divin tableau pour l'œil admirateur!

C'est la beauté dans toute sa fraîcheur.

De Calypso les nymphes ravissantes

N'offraient pas plus de graces séduisantes;

Au nombre enfin de ces jeunes houris,

On aperçoit bien plus d'une Eucharis,

Qui, des mentors déjouant la sagesse,

Mettraient bientôt le pilote en détresse.

Ainsi, voulant éviter cet écueil,

Me faut si tôt déplacer mon fauteuil.

D'ailleurs je dois compléter ma revue;

A l'esquisser ma muse est résolue.

Mais comment faire? Augmente à tous moments

Dans ce salon la foule des entrants,

J'en connais peu, de nom, et de figure,

Je trouve en ça ma besogne plus dure;

N'importe enfin? en des récits menteurs

J'imiterai nombre de voyageurs.

Mais j'aperçois, par fortuite chance,

L'homme propice en telle circonstance :

Juste censeur, son sourire malin

M'indique assez qu'il pourra mettre fin

A l'embarras, à ma peine présente,

Et point ne fus trompé dans mon attente :

Il connaît tout, on le voit en tous lieux;

Du lynx enfin il semble avoir les yeux.

Lors de son aide invoquant le service,

Tout aussitôt il entre en exercice.

« Voyez, dit-il, cet épais fournisseur,

Comme il affecte un sot air de grandeur;

Jadis laquais, il veut singer son maître,

Changea son nom en changeant de bien-être.

Il fit fortune, on ne sait trop comment.

Son grand mérite est d'avoir de l'argent

Et son crédit, ses armes défensives :

Sa table est bonne, il a force convives;

Même il attend, pour prendre un plus haut ton,

En sa faveur un brevet de baron.

Depuis long-temps sa femme au titre aspire;

C'est la guenon qui, près d'ici, se mire;

Elle se croit encore assez d'attraits

Pour en amour espérer des succès.

Voyez ses yeux, savants en ce manége,

Sur ce jeune homme, échappé du collége,

Darder leurs feux; il n'évitera pas

De préluder sur d'antiques appas.

D'un jeune cœur obtenir les prémices

Fait rencontrer nombre d'institutrices.

Cet écolier palliera les revers

Qu'elle essuya par un guerrier d'Anvers.

Il avait eu rendez-vous avec elle,

Pour assaillir cette autre citadelle;

La brèche faite, il n'était question

Que de se rendre à la discrétion

De l'ennemi, qui n'eut pas le courage

De profiter d'un pareil avantage.

Quittons ce couple, et portons autre part,

Dit le censeur, un attentif regard.

Ce chevalier, à mine hétéroclite,

De nos dandys est la fleur et l'élite.

4

Cinquante hivers ont dégarni son front;

Sans réfléchir aux ravages qu'ils font,

Il se croit jeune, et prétend encor plaire;

Il est pourtant vétéran de Cythère.

Dans les combats qu'il eut à soutenir,

Il éprouva tous les fruits du plaisir.

Il veut encor en tenter l'entreprise,

Nulle beauté ne le trouve à sa guise;

Et de dépit, pour finir son destin,

Du mariage il conçoit le dessein;

Il le fera. Déja l'Amour apprête

Le triste don qui doit orner sa tête.

Lui faut payer ce qu'à d'autres il fit;

Car l'hymen est le terme du crédit. »

J'allais encor en savoir davantage,

D'originaux j'aurais rempli ma page;

Mais un concert avec faste annoncé

Vint interrompre un récit commencé.

Le cicérone obligé de se taire

Me dit : « Demain, nous nous verrons, j'espère.

« Pour éviter tous les sons discordants

« Dont, malgré tout, on assomme les gens,

« En promettant de futures merveilles,

« Je crois prudent d'en sauver mes oreilles.

« Je sors; adieu. » Puis, s'éclipsant soudain,

Me laisse en proie à ce triste destin.

Onc n'entendis telle cacophonie,

Prenant pourtant le nom de symphonie.

Quel tintamare! Oui, jouer le plus fort,

Est le seul ton où se trouvent d'accord

Ces instruments de mauvaise fabrique,

Entre des mains barbares en musique.

Une heure entière à ce charivari

On s'occupa. J'en étais assourdi.

Pour m'achever, avec ses variantes,

Vint le trio de ces voix glapissantes.

Le chant est-il français, italien?

De le comprendre il n'est aucun moyen.

Hors ce tenor, le soutien des pupitres,

On doit l'entendre, il fait trembler les vitres;

Sa voix sonore en éclats retentit,

Ou fait le bruit d'un taureau qui mugit.

Lorsqu'au repos il a droit de prétendre,

Que même on est fatigué de l'entendre,

Dans le salon chacun revient s'asseoir.

Pour couronner l'amusement du soir,

Je vois du bal s'apprêter l'ordonnance.

Ma muse doit un tribut à la danse.

Pour dignement ce dernier chant traiter,

Quelques instants laissez-moi méditer.

CHANT SECOND.

Doux souvenirs! vous qui de la jeunesse
En notre esprit ramenez l'allégresse,
Venez ici. Vous pouvez y puiser
Mille sujets charmants à retracer.
Qui ne se plaît à retrouver encore
L'amusement que donne Terpsichore.
N'ose-t-on plus se mêler à ses jeux,
L'aspect au moins en paraît gracieux;
Il charme l'œil. La riante cohorte
De ces danseurs que le plaisir transporte,
Accourt en foule embellir le salon
Où retentit le son du violon.
Les choix sont faits, et les couples, d'avance,
Ont à leur gré réglé la contredanse.

4.

Les vis-à-vis rivalisent d'ardeur

Ou de talent, et parfois de bonheur.

En se livrant à ce noble exercice,

L'Amour saisit l'occasion propice

De faire entendre à l'objet qui nous plaît

Ce tendre aveu, long-temps tenu secret ;

Il se prononce, et la beauté modeste

L'écoute enfin. Un coloris céleste

Est du plaisir un indice marquant.

D'un bon accueil interprète éloquent,

Un doux regard donne à l'amant réponse :

La main aussi confirme cette annonce,

Et la gaîté d'un quadrille mouvant

Sert à masquer un secret sentiment.

La jalousie est alors en déroute,

En ce moment l'Argus n'y verra goutte ;

Et suivant l'air du fifre et du hautbois,

Il encourage, et de geste et de voix,

Le couple heureux qui, graces à la danse,

Impunément nargue la surveillance.

Mais sur quel point se peut-elle fixer?
En tourbillons Momus vient agiter
Ce flot qui tourne, et que l'œil suit à peine.
J'en vois déja qui sont hors d'haleine,
Qui haletants, par la valse épuisés,
Pensent tout bas qu'ils en ont bien assez.
Par amour-propre ils sont infatigables,
Le faire croire est pour paraître aimables.
Près du beau sexe, un vigoureux jarret
Capte l'estime, et fait un bon effet.
Oui, Terpsichore, ainsi que Cythérée,
De fanfarons se voit environnée.

Ce vétéran, hier sur le grabat,
Dompte son mal pour battre un entrechat,
Habile en l'art qu'a commenté Noverre,
Sur son talent règle son baptistère.
Pour arrêter sa forte obésité,
Celui-ci danse enfin pour sa santé.

C'est son docteur qu'il a pris pour modèle,
Dont le long corps offre une haridelle ;
Car, las de voir des morts et des mourants,
Il vient le soir rire avec les vivants :
Pour lui le bal est le temple d'Hygie.

Vous qui rêvez sans cesse une utopie,
Venez danser. L'aimable liberté
Y fraternise avec l'égalité.
Attention ! Gardez bien la mesure,
N'y manquez point, ou craignez la censure ;
Et n'allez point, novateurs imprudents,
Par un faux pas bouleverser les rangs.
Heureux mélange, où chacun se rallie
Pour s'amuser au bruit de la folie ;
De ses grelots chacun entend le son ;
Il électrise, et plaît à l'unisson.

Ah ! je vois même un Cujas, un Bartole,
Qui, sans quitter la mine de l'école,

Vient lui payer gravement son écot ,
En s'élançaut, comme un autre, au galop.
De ce conflit qui se heurte et se choque,
Partage-t-il la gaîté réciproque?
Le croire il faut, quoiqu'il apporte au bal
L'air imposant et le ton magistral.
Il se déride en regardant Zelmire,
Ah! ses attraits ont conquis un sourire!
De la beauté tel devient le pouvoir,
Que le pédant est galant vers le soir.
Thémis, enfin, par le désir de plaire,
Emprunte alors la langue de Cythère ,
Met tout en œuvre à bien faire la cour,
Et se soumet au tribunal d'amour.

Oui, vous aussi, trop rusé diplomate :
Dans ce salon s'épanouit la rate :
En avouant franchement le plaisir,
Point ne pouvez risquer de vous trahir.

Lui seul gouverne et régit cette fête,

Laissez vos pieds conduire votre tête.

Chacun son tour. Beaucoup de gens de bien

Vivent heureux, n'ayant souci de rien.

Repos charmant, à l'esprit salutaire,

Qui pour le corps n'en es pas moins prospère,

Lise te doit de son teint la fraîcheur;

Aucun chagrin n'altère son humeur.

L'avenir est un pays fantastique,

D'y pénétrer nul desir ne la pique.

Tableau mouvant de différents plaisirs,

Le présent seul charme ses doux loisirs.

Pour elle il n'a rien qui ne l'intéresse,

Il lui procure une éternelle ivresse,

Et sur ses pas, foule d'adorateurs

L'adule enfin par mille mots flatteurs;

Même on verra du beau nom d'innocence

Traiter encor sa profonde ignorance.

Mais son sourire est si fort gracieux,

Que notre oreille alors cède à nos yeux.

Comme sa mise artistement galante
Vient rehausser sa tournure élégante !
Un goût exquis, arbitre de son choix,
Règle la mode, en dispose les lois.
Mais ses succès à d'autres font ombrage.

Pour imiter son ravissant corsage,
L'une à la gêne, en voulant s'amincir,
Met des appas que ne peut contenir
L'étroit corset, colonne tutélaire.
Pour tromper l'œil, l'autre veut au contraire
Nous faire croire à son juste embonpoint.
La fraude, au reste, est permise en ce point.
Ah ! de tous temps, elle fut en usage,
Voir, non toucher, est le commun adage.
Dupe d'abord des prestiges de l'art,
L'œil scrutateur s'en aperçoit plus tard,
Lorsque la danse, en un geste perfide,
Hélas ! nous laisse une image du vide.

Plus loin portons un desir curieux ;

Quel autre objet se présente à mes yeux ?

L'anxiété peinte sur sa figure

Pour deviner me met à la torture.

Quoi de Constance a troublé le repos ?

Le hasard vient m'éclairer à propos,

La pauvre enfant, je le vois, appréhende

Que pour danser aucun ne la demande ;

Déja deux fois que son tour est passé,

A la prier nul encor n'a pensé.

Cet abandon à bon droit la courrouce,

Mais on l'aborde, et sa mine plus douce

Signale enfin la satisfaction.

Ce changement mérite attention.

Oui ! le plaisir embellit une femme,

Et fort souvent la beauté qu'on proclame

Doit à lui seul et suffrage et renom.

Ainsi Vénus l'emporte sur Junon.

Ah ! sans chercher comparaison semblable,

L'assertion nous paraît véritable ;

Joli minois, qu'anime la gaîté,

Plaît cent fois plus qu'une triste beauté,

Dont l'air sévère effraie, et met en fuite

L'essaim d'amants qui bourdonne à sa suite.

Lorsqu'Eudoxie a pris un air joyeux,

Belle toujours, elle en est encor mieux.

De ses attraits la foule est enchantée,

Pour plaire à tous elle est un vrai Protée,

Et qui n'a pu devenir son danseur,

D'elle a reçu regard consolateur,

De sa promesse enfin heureux symbole,

Plus éloquent souvent que la parole.

Pour le souper, dont on a grand besoin,

La danse cesse, et chacun se rejoint.

Dans l'autre salle, un festin magnifique

Contre la faim est un bon spécifique.

Nul ne se plaint de cet heureux répit,

Tant l'exercice irrite l'appétit.

5

Point je n'irai donner la litanie

De tous les mets dont la table est garnie :

Dire il suffit qu'en exécution,

De Lucullus ou de Trimalcion,

Ce repas offre une image fidèle ;

Pour l'exploiter on travaille avec zèle.

J'ai vu le fort que Strasbourg a construit,

Presque aussitôt avalé que détruit.

Tout cède alors à la dent famélique,

L'oiseau du Phase, et la poule d'Afrique,

Le gros coq d'Inde en truffes rembourré;

En un clin d'œil tout s'est vu dévoré.

Vite approchez. Malheur à qui s'attarde !

Il n'aura plus que le pot de moutarde.

Tel qu'un Troyen, en sa confusion,

Il pourra dire : Ici fut Ilion.

Fuyez ces lieux, Comus et ses victimes,

Vous qu'Hippocrate aux austères régimes

Vient d'asservir ! Évitez le danger !

Le médecin vous défend de manger ;
Boire, encor moins, si ce n'est sa tisane.
« Votre docteur, sur ma foi, n'est qu'un âne, »
Dit, en sablant un champagne mousseux,
La belle Armande, et ses pétillants yeux
Montrent assez que sa santé replète
N'est point le fruit d'une rigide diète.
De prosélyte on ne manquera point,
Si le précepte à l'exemple se joint ;
Si le plaisir est le mode du vivre,
Facilement il se pourra bien suivre.
La douce Adèle, en goûtant la leçon,
De ce repas se met à l'unisson.
Mieux elle fait que de mouiller sa lèvre
D'un vin qui doit lui redonner la fièvre,
Boit hardiment, et son heureux effet
Montre l'esprit qu'à tort elle cachait.

Déja l'archet a sur la chanterelle
Donné rappel. La cohorte fidèle

Se lève enfin : mais parmi les danseurs

Se trouve alors nombre de déserteurs ;

L'un, surchargé des trésors de la table,

De figurer se tient pour incapable ;

Par le sommeil un autre est accablé,

Et vers son gîte a bientôt défilé.

L'exemple entraîne, et la salle se vide.

Oui, ma lanterne est déja moins lucide ;

Pour aujourd'hui ne pouvant plus rien voir,

Faut au lecteur souhaiter le bonsoir.

FIN DU POEME.

PARIS.

Déja le sombre hiver attriste nos campagnes,
Et des antres du Nord Éole déchaîné,
Contre le chêne altier, le Titan des montagnes,
Déploie en bruissant son souffle forcené.
Le modeste ruisseau, grossi par les orages,
Est un fougueux torrent, indomptable en son cours;
Nos jardins et nos champs attestent ses ravages,
Tout semble déplorer la perte des beaux jours.
Le sol devient inerte, et la terre muette
Se revêt aujourd'hui d'un deuil universel.
Avide et consterné, vers l'astre qu'il regrette
Notre œil en le cherchant le redemande au ciel.

5.

Mais il a disparu. Sous un autre hémisphère
Il porte ses rayons et sa fécondité;
La nature sourit à sa vive lumière,
Veuve de sa présence, elle perd sa beauté.
Ame de l'univers, principe de la vie,
Ton éclipse annihile un sublime tableau;
Cybèle est dépouillée, et l'amant d'Orythie
Nous annonce avec bruit un désastre nouveau.
Pomone a délaissé nos demeures agrestes;
L'urne épand ses flocons sur nos seuils, sur nos toits;
Abandonnons ces lieux, ces images funestes,
Le plaisir, dans Paris, fait entendre sa voix!
Chaque jour on lui rend de nombreux sacrifices;
Il parle, on obéit. Il capte nos loisirs;
Caméléon habile, esclave des caprices,
Il satisfait nos goûts, devance nos desirs.
Le beau sexe surtout, à son culte fidèle,
Est son premier ministre et son plus ferme appui;
Le plaisir embellit d'une grace nouvelle
La beauté qui pour chef ne reconnaît que lui.

Momus a déployé sa bannière galante,

Et chacun d'accourir à cet appel joyeux :

Des amours fugitifs la cohorte brillante

Captive les regards, anime tous les jeux.

Sous un aspect riant, ici, l'hiver se montre ;

L'or amassé circule et reprend sa valeur ;

Le luxe le répand, et recevant par contre

Les fruits de l'industrie, en devient le sauveur.

Dans nos nombreux bazars les richesses s'étalent ;

Un désir curieux vole à ces nouveautés.

Ah ! peut-on résister, si les besoins signalent

Tant de jolis objets par la mode inventés ?

Un don fait à propos force la plus sévère

A sourire à l'aveu qu'elle improuvait d'abord ;

Éloquent interprète, heureux auxiliaire,

D'amour il est souvent l'unique passe-port.

Au naufrage est sujet qui vogue sur le fleuve

Que Midas enrichit en y prenant un bain.

Un bijou tentateur est une rude épreuve ;

Sans nul effort, jadis, céda la tour d'airain.

Vous qui coulez vos jours au sein de l'indolence,
Qui d'un ennui constant accusez le fardeau,
Du poids qui vous obsède espérez l'allégeance,
Le séjour de Paris éloigne ce fléau.
De plaisirs variés intarissable source,
Pour les goûter encor si le jour ne suffit,
Certes, la nuit n'est point une moindre ressource;
Elle en offre sans nombre à l'avide appétit.
Entendrai-je du temps accuser l'inclémence
Ce gastronome assis en un joyeux banquet,
Quand son œil scrutateur a dévoré d'avance
Les mets que de si loin fit arriver Chevet?
Le nectar de Bourgogne et la mousse légère
D'un Aï précieux ravivent ses esprits.
La gaîté qu'il retrouve en épuisant son verre,
Fait parfois ressortir la vérité du puits.
Je vois narguer ici la piquante froidure;
Hardis révérateurs d'admirables contours,
Les costumes légers composent la parure
Des jeunes déités qu'assiégent les amours.

Dans ce salon immense, où la beauté prospère,

Flore étale ses dons et ses parfums divers,

L'air en est embaumé; du printemps l'atmosphère

Nous semble y circuler en dépit des hivers.

Le son des instruments éveille Terpsichore,

La jeunesse se forme en quadrilles galants;

On se quitte à regret au lever de l'aurore,

Et l'amour à profit a mis ces doux instants.

Chacun retrouve ici les plaisirs de son âge.

Autour d'un tapis vert, des joueurs acharnés,

Pour ramener à eux la fortune volage,

Viennent tenter du sort les coups inopinés.

Le parler languit-il? aussitôt se présente

Le sixain qui supplée au mérite, à l'esprit;

Il est des désœuvrés la ressource puissante;

La vieille délaissée, en le voyant, sourit;

Elle a déja choisi qui luttera contre elle.

Le jeu s'engage alors; d'autres, pour l'éviter,

Se dérobent soudain : à la pièce nouvelle

Un début annoncé les presse d'assister.

Pour le goût épuré Melpomène et Thalie
Ont des temples ouverts, où, juge des succès,
Le parterre attentif couronne le génie,
Ou bien venge la scène aux bruits de ses sifflets.
L'Opéra nous transporte au temps de la féerie ;
La musique et la danse ont leurs admirateurs.
Le vaudeville amuse en sa vive saillie,
Et l'Ambigu-Comique en tragiques horreurs.
Quadrupèdes acteurs, à votre intelligence
Le public applaudit, la critique se tait.
De nébuleux soucis on perd la souvenance
En allant s'égayer aux lazzi de Brunet.

Pourrais-je énumérer les nombreuses ressources
Que pour tuer le temps on emploie à Paris ?
Il épuise nos jours, aussi bien que nos bourses,
Et perçoit le tribut de tout autre pays.

Qui des travers humains veut se faire une étude,

Doit dans la capitale en chercher les moyens,

L'observateur alors y trouve multitude

De dupes, de fripons, de saints-simoniens.

FIN.

www.ingramcontent.com/pod-product-compliance
Lightning Source LLC
LaVergne TN
LVHW022144080426
835511LV00007B/1245